AUF DEM WEG **SEIN**

IMPRESSUM

Gemeinschaftsproduktion
von Angie Heimann und Maria Steinkampf
Copyright 2017
Alle Rechte vorbehalten

Gedankentexte: Angie Heimann

Fotografie: Maria Steinkampf
www.fotokomplizin.de

Grafik-Gestaltung und Satz:
Maria Steinkampf, www.grafik-gestaltung.de

Gesetzt aus: Helvetica und Bell

Herstellung und Verlag: BoD-
Books on Demand, Norderstedt

ISBN 9783744848510

AUF DEM WEG SEIN

Texte und Bilder zum Nachdenken und Losgehen

Gedankentexte
von Angie Heimann

Fotografien
von Maria Steinkampf

INHALT

ERWACHEN

LOSGEHEN

STOLPERSTEINE

ATEMPAUSEN

BEZIEHUNGSWEISE

SEIN

Die Reise beginnt
In unbekanntes Land
Ich rette mein Leben
Und nehm es in die Hand
Die Reise beginnt
Wohin geht es bloß?
Ich rette mein Leben
Und laß es nicht mehr los
Die Reise beginnt
Mit leichtem Gepäck
Ich trete hinaus
Aus meinem Versteck...

Alles
beginnt
wenn Du Dich erinnerst
dass Dir mit Deiner Geburt
die Erlaubnis gegeben war
zu SEIN
DU zu Sein –
einmalig und unverfälscht in Deinem Denken
frei und genial in Deinem Ausdruck
grenzenlos kreativ
Dir wurden Grenzen gesetzt
ein Gefängnis gebaut aus leeren Drohungen
Du wurdest mit Worten und mit Taten
an die Wand gestellt
und konntest Dich nur verbiegen
um weiterzugehen
Alles beginnt wenn Du Dich erinnerst

JETZT

SPÄTE SCHWANGERSCHAFT

Mir selbst Mutter zu sein
damit gehe ich schwanger
Eine späte Schwangerschaft
nicht ohne Komplikationen
Ich sollte mich schützen vor neugierigen Blicken
nicht schwer tragen an Lebensbalast
mich gut ernähren und begleiten
nachsichtig mit mir sein und freundlich
So kann ich mich der Welt zeigen
wenn der Zeitpunkt dafür richtig ist

Im Außen wie im Innen
Aufräumen:
Die Fenster öffnen
Einen frischen Wind wehen lassen
Alte Dinge und Glaubenssätze sortieren
Gewohnheiten überarbeiten
Farbe und Licht hereinbringen
Überholtes wegwerfen
Alte Lebensentwürfe überschreiben
Offenes abschließen

Und dann - Frei Atmen!

Den Schritt über die Schwelle wagen
noch in der Stille des Morgens
laufen ohne Plan in die Verheißung des Neuen
Losgehen
Jetzt, endlich – Dir selbst die Erlaubnis geben
aus der Dunkelheit hinauszutreten
einen Fuß vor den anderen setzend
Losgehen
und mit dem Beginn rechnen
deinem Körper trauend
Losgehen
und alles für möglich halten

GEH LOS!

LICHTBLICK

Ich fordere mich heraus
zu neuen Denkansätzen
Wage mich an meine Grenzen
der alten Strukturen
Trete hinaus
und bin geblendet
Vom Licht des Möglichen

meine Wichtigkeit zu riskieren
und das was zu mir kommt
weiterzugeben zum Anderen
Ich wähle
meine Tage auszufüllen
mit Liebe und Lachen
Um Leuchtfeuer zu sein
für die, die im Dunkeln stehen
Ich wähle
weniger ängstlich zu sein
und das Wagnis als Chance zu begreifen
um Pfade zu erkunden
die vielleicht später ein Weg werden

ICH *WÄHLE*

Du hast immer eine Wahl
Was Du denken willst
Wie Du handeln möchtest
Ob Du Ja sagst oder Nein
Und selbst wenn Du an Grenzen
Von außen stösst
Hast Du wieder die Wahl
Wie Du darauf reagierst
Wie Du antwortest
Wie Du handelst
Du hast die freie Wahl
-immer-
Solange Du lebst !

GRENZÜBERTRITT

Überschreite Deine Grenzen
Stück für Stück
Und Du wirst sehen

Es gab sie immer nur
In Deinem Kopf!

EIN NEUER TAG

Morgen möchte ich mein Haus verlassen
Mein Bett verschenken
Meine Haare ändern
Morgen möchte ich das Gestern streichen
Meine Erinnerung lieben
Meiner Ungeduld gut zureden
Und Lieder erschaffen
Morgen möchte ich meinen Augen trauen
Mit dem Morgen flüstern

Aber nie mehr sagen
Was anderen gefällt
Morgen möchte ich neue Tänze üben
Auf manches pfeifen
Mein Unbehagen begraben
Dem Hagelschlag trotzen
Und nicht mehr verzweifeln

TANZEN LERNEN

Das Leben spielt die beste Musik
Blues, Tango, Walzer und Rock n Roll
und ich fordere Dich auf mit mir
in Bewegung zu kommen,
anstatt am Rande zu sitzen
und nur Zuschauer zu sein.

Lerne tanzen -
Zwei Schritte vor, einer zurück
Die Musik er-spüren
Willkommen heißen was gespielt wird
und wer gerade mit Dir tanzen möchte

So wird das Leben für Dich ein Tanz
den es sich wahrhaft zu lernen lohnt

Bist Du bereit?

GESCHMINKT

Ich male mir Freudenaugen
Und ein Lächeln um den Mund
Meine Wimpern tusche ich zu einem Strahlenkranz
Male mir ein Glücksgesicht
Ich bin so traurig und hoffe,
Du siehst es nicht

UNGESCHMINKT

Die Wahrheit ist, ich kann Dich nicht täuschen
Du erkennst die Traurigkeit in meinen Augen
Die Kummerfältchen um meinen Mund ringen mit dem Lippenrot
Und die Enttäuschung lässt meine Wangen hängen
Die Fassade des lachenden Clowns beeindruckt Dich nicht

AUGEN-BLICK MAL

Denke ich
Und wage es nicht
Weg-zu-sehen

X X X ? X

Was suchst Du?
Alkohohl-sucht
Liebes-sucht
Drogen-sucht
Schönheits-sucht
Sehn-sucht
Was suchst Du?

Aufgrund unlösbarer Serverprobleme ändere ich mein Passwort
von
Angie@Vergib-Ihnen
in
Angie@Vergib-Dir

VOM UMDREHEN

Manchmal kannst Du Dir nur begegnen
wenn Du aufhörst
vor Dir davonzulaufen

Bleib stehen und
dreh Dich um!

BEWUSST-WERDUNG

Wie klein, wie lächerlich, wie vermessen
Ist das was wir für wichtig erachten
Worüber wir streiten
Wofür wir kämpfen
Im Angesicht der Größe
Von Gottes Schöpfung

HOFFEN

Die Tulpenzwiebeln die Du im Herbst einpflanzt
scheinen tot – sie sind trocken und dürr
Und Du kannst nichts tun außer Hoffen
dass sie den kalten Frost überleben
Du kannst an sie denken und Hoffen
dass alles gut ist
dass alles gut wird

Und oft, ganz oft, erscheinen in der Wärme
der ersten Frühlingsstrahlen
zarte Triebe
brechen durch die harte kalte Erde
wollen ans Licht

und LEBEN!

GLAUBEN

*Die Angst ist
keine Kontrolle zu haben
über Dein Leben*

*Die Herrschaft über
Die Angst
Ist Loslassen
Und
Glauben*

HEXENKUNST

Den Ort finden
wo die Worte
Wurzeln schlagen
In die Ritzen der Zeit Gedanken säen
Im Augenblick erkennen,
was wirklich ist
Dann
wirken Worte

Wunder

Rückblickend ist immer die Zeit,
die ich mit mir alleine verbracht habe,
meine Lehrerin gewesen

TRANSFORMATION

Meine alte Haut ablegen
wie ein zu eng gewordener Kokon
Die Schnüre der Verbindlichkeit aufschneiden
Fäden meiner Verstrickung entwirren
eine Öffnung schaffen

Meine alte Haut ablegen
und mich befreien von Ängsten,
Erwartungen, Zwängen und Vorstellungen
Mit allen Nachdruck sagen „Ja ich will"

Meine alte Haut ablegen
und wenn dann nichts mehr ist
was mich festhält
Meine Flügel ausbreiten

Und fliegen!

SCHREIBEN

was ich nicht sagen kann

Dem Aufruhr in mir einen Namen geben
mich öffnen
Gedanken Ihren Lauf lassen
Schreiben bevor ich schreie!

MAGIE

Die Zeit anhalten
In einem Augenblick des Glücks
Die Räume weiten
In einem Zustand der Liebe
Die Erdverbundenheit spüren
Den Himmel in mir zulassen

Die ganz großen Momente geschehen in der Stille

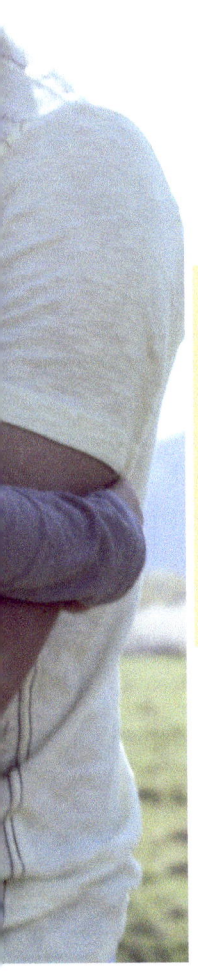

WAHRNEHMUNG

Schöner
Bunter
Aufregender
Größer
Verspielter
Ist meine Welt
Seit es dich gibt

unsere Liebe ist tief wie das Meer
auf dessen Grund Stille sich ausbreitet

Dann ist unser Ringen und Kämpfen
nur die
Wellenbewegung
des Sturms
an der Oberfläche

FRAGEZEICHEN

So viele Worte ungesagt
So viele Fragen ungefragt
Sitze ich hier und warte
auf ein Lebenszeichen von Dir
Sternschnuppen haben Deinen Namen
Träume Dein Gesicht
Und an so manchen Tagen frage ich mich
Ob Du auch dort sitzt und wartest
Auf ein Lebenszeichen von mir?

Warum meldest du Dich nicht

POLARITÄT

Du wirst wieder wegfliegen ans andere Ende der Welt
und alles wird sein wie immer
Die Sonne wird jeden Tag aufs Neue aufgehen
Der Mond wird sich in gewohnter Weise am Himmel zeige
und die Erde wird sich weiter drehen
Nur
ist es dann für Dich Nacht
wenn es für mich Tag ist
Sommer
wenn es für mich Winter ist
Wärme
wenn es für mich Kälte ist
Und in mir
wird nichts mehr sein wie immer!
Die Traurigkeit
wird die Nacht zum Tag machen
den Sommer zum Winter
die Wärme zur Kälte
Und so
werde ich Dir dennoch nahe sein!

Und nun – mit einem Blick in den Spiegel
SO möchte ich nie mehr dastehen,
nicht einmal wegen Dir!
Ich verlasse die Achterbahn der Gefühle
mit zittrigen Knien
und gebe Dir die Dauerfahrkarte zurück
ein wenig schwindlig noch
unsicher, wohin mein Schritt sich wendet
Aber sicher
nicht eine Fahrt mehr unternehmen zu wollen!

Wenn ich Dir vertraue
Dann wage ich ganz schön viel
Wenn ich mir vertraue
Auch

Aber ich will mir trauen
Und Dir
Und der höheren Energie
In die wir Beide eingebunden sind

Liebende Dreifaltigkeit

DENNOCH

Du bist nicht mehr
in meinem Leben
Und ich bin nicht mehr
in deinem Leben
Doch spürst Du mich
in Deinem Leben
Und ich spüre Dich
in meinem Leben
überall

SEIN

KÜNSTLERIN

Ich passe nicht in Euer Bild
Ich falle
aus dem Rahmen

Nun fange ich an
mein eigenes Bild zu malen

Ich werde es ungerahmt lassen!!

EINFACH SO

In der Berührung des Herzens
Durch den Klang einer Musik
Im Wimpernschlag der Augen
Durch die Farben eines Regenbogens
In der leisen Bewegung des Entscheidens
Im passenden Moment
In der Freiheit des Geistes durch
Ein gesprochenes Wort
In der Umarmung eines Freundes
Der längst verloren geglaubt
In der Berührung meiner Seele
Mit der Unendlichkeit
Bin ich – einfach so!

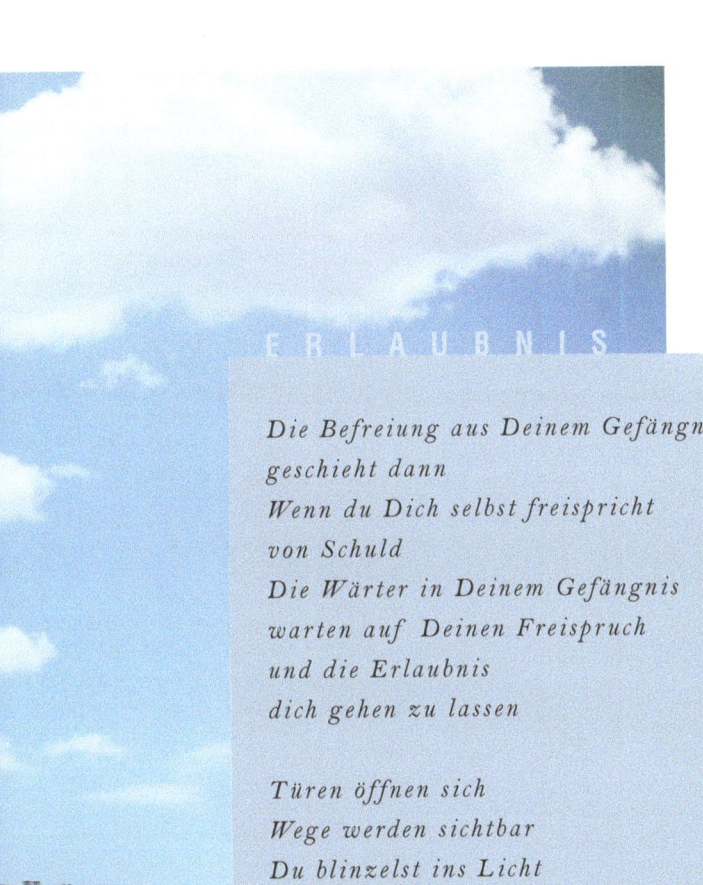

ERLAUBNIS

Die Befreiung aus Deinem Gefängnis
geschieht dann
Wenn du Dich selbst freispricht
von Schuld
Die Wärter in Deinem Gefängnis
warten auf Deinen Freispruch
und die Erlaubnis
dich gehen zu lassen

Türen öffnen sich
Wege werden sichtbar
Du blinzelst ins Licht
Du bist frei!

NEUBEGINN

Ich werde meine Angst keinen Glauben mehr schenken – und lachen

Ich werde meiner Engstirnigkeit die Stirn bieten – und atmen

Ich werde meine Wut in Feuer verwandeln – und brennen

Ich werde mein enges Korsett aufschnüren – und tanzen

Ich werde meiner inneren Stimme Gehör schenken – und lauschen

Ich werde dem Licht in mir vertrauen – und leuchten

Ich werde meinen Sehnsüchten Flügel verleihen – und fliegen

Ich werde meiner Kreativität Raum geben – und gestalten

Ich werde meiner Schwere Wurzeln verleihen – und wachsen

Ich werde !

HOMMAGE AN EINE ALTE

Dein Gesicht – gezeichnet vom Leben
Die Haare dünn und grau
Trübe Augen, die dennoch liebevoll blicken
Ein immer noch ansteckendes Lachen
Und ganz viel Wärme in Deinen Worten

Deine Seele – UNVERSEHRT!

GRATWANDERUNG

Dich an den Rand
deiner Möglichkeiten
und Talente
deiner Denkansätze
und Glaubensstrukturen wagen

Oben der weite Himmel
Unten unendliche Tiefe
lässt Dich erahnen
dass es weit mehr gibt
als Du Dir zu denken erlaubt hattest

SYMPHONIE

Es gibt einen Ton ganz tief in mir
der zu klingen beginnt
wenn ich bereit bin hinzuhören
Schöner, tiefer, satter als alles
was ich je gehört habe
Ein Ton der mich lockt und ruft
umwirbt wie ein Liebender seine Auserwählte
und wenn ich mich darauf einlasse
erklingen noch viel mehr Töne
die sich vereinen
zur
Symphonie Gottes

A N G I E

Gedankentexte entstehen in meinem Kopf, ausgelöst
durch kleine oder auch große Impulse.
Diese Texte zu teilen, macht mich stolz und glücklich
und wenn es nur einen Menschen im Inneren erreicht,
was mich bewegt, ist mir das Motivation genug ge-
wesen, dieses Buch zu veröffentlichen.

Angie Heimann:
Freie Schriftstellerin aus Leidenschaft
Geboren in Deutschland, im Herzen Australierin
Auf dem Weg(SEIN) zum Ph.D in der Schule des Lebens

E-mail: AufdemWegSEIN@gmx.net

Danke!
- meinen Eltern, ohne die ich nicht auf dieser
  Welt wäre
- meinen Kindern Julian und Michaela, die mich
  gelehrt haben, was es heißt bedingungslos zu lieben
- meinem geliebten Ehemann Frank, der mir Licht
  ist, Inspiration und Halt
- und Maria Steinkampf, Freundin und geniale
  Grafik-Gestalterin, mit der ich dieses Gemein-
  schaftsprojekt verwirklichen konnte

MARIA

::: dieser Augenblick, der jetzt ist :::

Ich drücke gerne auf den Auslöser, das ist Glück,
Spass, Fokussiertsein, Achtsamkeit, Energie, Nirvana.
Durch den Sucher entdecke ich ein Bild; Atmosphäre,
Unterschwelliges, schöne Menschen, Erinnerung,
Hier und Jetzt, und Zukunft.
Ich gestalte mir die Welt dabei, wie sie für mich ist,
wie sie mir gefällt und wie sie sein könnte.

Maria Franziska Steinkampf:
Studium der „visuellen Kommunikation" in Mainz
Selbstständige Dipl. Designerin und Fotografin

www.grafik-gestaltung.de
www.fotokomplizin.de